Belong to:

....

....

....

....

Date : ___/___/_____

Date : ___/___/____

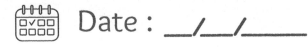

Date : __/__/____

Date : ___/___/_____

Date : ___/___/_____

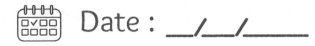

Date : ___/___/_____

Date : ___/___/_____

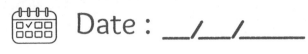

Date : ___/___/_____

Date : __/__/____

Date : ___ / ___ / _____

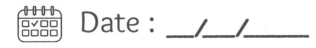

Date : ___/___/_____

Date : __/__/____

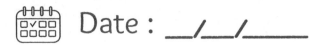
Date : __/__/____

Date : __/__/____

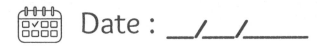

Date : __/__/____

Date : ___/___/____

Date : __/__/____

Date : ___/___/____

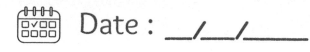

Date : ___/___/____

Date : ___/___/_____

Date : ___/___/____

Date : __/__/____

Date : ___/___/____

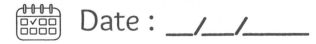

Date : __/__/____

Date : ___/___/_____

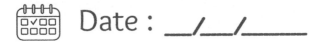

Date : __/__/____

Date : ___/___/_____

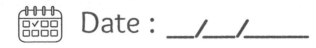

Date : __/__/____

Date : ___/___/____

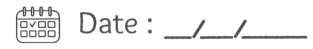

Date : __/__/____

Date : ___/___/____

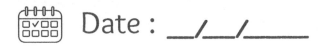

Date : __/__/____

Date : ___/___/_____

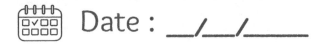

Date : ___/___/_____

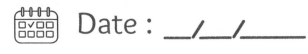

Date : ___/___/_____

Date : ___/___/_____

Date : ___/___/____

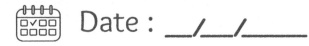
Date : __/__/____

Date : ___/___/____

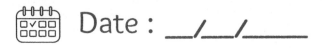

Date : ___/___/_____

Date : ___/___/____

Date : ___/___/_____

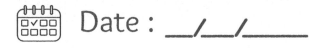
Date : ___/___/_____

Date : ___/___/_____

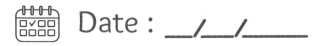

Date : ___/___/____

Date : __/__/____

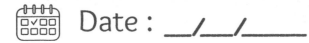

Date : __/__/____

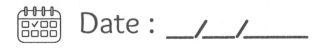

Date : __/__/____

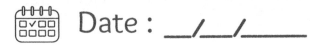

Date : __/__/____

Date : ___/___/_____

Date : ___/___/_____

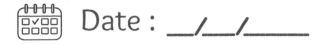

Date : ___/___/_____

Date : __/__/____

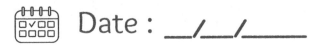

Date : ___/___/_____

Date : ___/___/_____

Date : ___/___/____

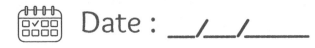

Date : __/__/____

Date : ___/___/____

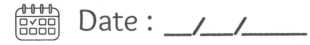
Date : ___/___/_____

Date : __/__/____

Date : ___/___/___

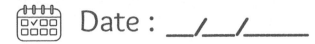

Date : ___/___/_____

Date : ___/___/_____

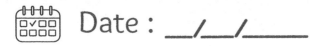
Date : ___/___/____

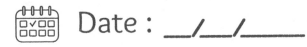
Date : __/__/____

Date : ___/___/____

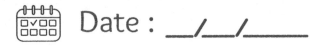

Date : ___/___/_____

Date : ___/___/____

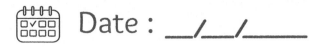

Date : ___/___/_____

Date : ___/___/____

Date : __/__/____

Date : __/__/____

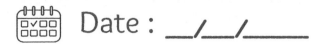
Date : __/__/____

Date : __/__/____

Date : ___/___/_____

Date : __/__/____

Date : ___/___/____

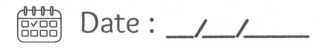

Date : __/__/____

Date : __/__/____

Date : __/__/____

Date : ___/___/____

Date : __/__/____

Date : __/__/____

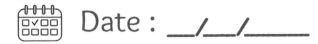

Date : ___/___/_____

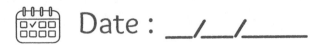
Date : __/__/____